DISCOURS

SUR

L'ABOLITION DE L'ESCLAVAGE,

PRONONCÉ

PAR

ANAXAGORAS CHAUMETTE,

AU NOM DE LA COMMUNE DE PARIS.

A PARIS,

Chez Ch.-Fr. Patris, Imprimeur de la Commune,
rue de l'Observatoire, N°. 182.

L'an deuxième de la République Française.

EXTRAIT

DU PROCÈS-VERBAL

DE LA

CONVENTION NATIONALE,

Du 3ome jour de Pluviôse , l'an deuxième la République Française , une & indivisible,

———————

LA Convention Nationale , après avoir entendu le rapport sur la Fête de l'abolition de l'Esclavage, célébrée ce jour 30 Pluviôse, décrète l'impression du discours prononcé à cette cérémonie , par le Procureur de la Commune de Paris, la distribution de six exemplaires aux Membres de la Convention Nationale , et l'acceptation des couronnes

civiques offertes à la représentation nationae
par les Citoyens de Couleur.

Visé par l'Inspecteur,

S. E. MONNEL.

Collationné à l'original par nous Secrétaires
de la Convention, à Paris, le 8 Ventôse de
l'an 2me de la République.

CHARLES COCHON.

BELLEGARDE.

DISCOURS

PRONONCÉ

PAR LE C^{en}. CHAUMETTE,

AU NOM

DE LA COMMUNE DE PARIS,

Le Décadi 30 Pluviôse, l'an 2me. de la République Française, une et indivisible, à la Fête célébrée à Paris, en réjouissance de l'abolition de l'Esclavage.

Sæpe in magiſtrum ſcelera redierunt ſua.
SENECA, *in Thyeſte.*

Du moment où les hommes commencèrent à s'écarter des lois de la nature ; du moment où ils cessèrent de voir dans leurs vieux pères autant de lois vivantes auxquelles ils devaient religieusement obéir ; de ce moment,

A

dis-je, on vit commencer la fatale époque
de la dégradation et de l'avilissement de
l'espèce humaine. L'intérêt, l'orgueil, l'ava-
rice et la dureté ouvrirent bientôt la porte
à tous les fléaux, qui dans la suite firent
regarder le premier de tous les biens pour
l'homme, *la sociabilité*, comme le plus grand
de tous les maux. Les mœurs primitives une
fois altérées, la division entra dans les familles; l'audace et l'injustice remplaçant les
décisions patriarchales, la force prenant la
place de la raison, l'avidité, la soif exclusive
des jouissances ayant donné naissance au
mien et au *tien*, il fallut des loix pour régler
les différends; il en fallut même de terribles.
Alors on eut besoin de bras pour les faire exécuter. On ne pouvait qu'avoir recours aux
plus forts; mais les plus forts se réunirent,
et au lieu d'employer leur puissance à pro-
téger la faiblesse, ils en usèrent pour la sou-
mettre, non aux conventions de la société,
mais à leurs décisions arbitraires. Ainsi de
l'autorité légitime naquit l'empire absolu;
tant les hommes, toutes les fois que leurs
passions font taire leur raison, sont aptes et
prompts à gâter les meilleures institutions (1) !

____

(1) *Ut que antè hâc flagitiis, tunc legibus laborabatur.*
Tacit. Ann. Lib. 3.

L'arbitraire ayant pris naissance, la force dut nécessairement devenir la loi suprême. Le crime et tous les débordements qui marchent à sa suite, dûrent étouffer jusqu'à l'idée des vertus primitives ; la faiblesse dut aussi devenir un tort impardonnable aux yeux des plus forts, et un motif pour être tourmenté par eux ; mais le faible de son côté, se voyant à tout moment dépouillé du fruit de ses sueurs par ses nouveaux maîtres, cessa de travailler, parce qu'il cessait de jouir. Le courage lui manqua ; son ame abattue n'eut bientôt de sensations que pour la douleur : il fut asservi . . . . . Oh ! qu'il dût être cruel, le barbare, qui, le premier, chargea son frère de fers ! Comment put-il être témoin insensible de la première agonie d'une ame libre ! ... Comment ses entrailles ne frémirent-elles pas à l'aspect de la douleur qu'il faisait éprouver à son semblable ! . . . Son semblable ! chez qui il voulait tuer l'homme : ô nature ! tu as interverti l'ordre de tes immortels décrets, lorsque tu fis le premier tyran. Tu lui mis sans doute un caillou dans la poitrine à la place d'un cœur . . . . . Mais que dis - je ? Ah ! pardonnes . Non, non, tu ne fis jamais, de tyrans, tu fis, au contraire, l'homme bon et sensible; l'homme seul s'est fait méchant, et il n'est devenu tout-à-fait méchant, que lorsqu'il a cessé de t'entendre, de t'obéir.

Telle est, si je ne me trompe, citoyens, telle est l'origine de l'esclavage; telle est la source cachée dans l'abyme des siècles de ce torrent dévastateur, qui, roulant d'un pôle à l'autre, engloutissait les générations, et menaçait la terre désolée d'un cours incalculable. Mais qui peut sonder les profondeurs de la vérité éternelle? La méchanceté, la tyrannie peuvent bien s'opposer à ses progrès pendant qnelques instants, (et les siècles sont des instants dans l'éternité ;) mais aux éclairs faibles et rares qu'elle lance à travers la nuit des législations absurdes et tyranniques, on peut reconnaître son existence; et le juste, l'ami de la vertu, peut prophétiser ses merveilles aux mortels ensevelis dans l'épaisse brume des erreurs qui succèdent aux erreurs.

Appaisez-vous, mânes irrités de cent mille générations détruites par l'esclavage, appaisez-vous : le jour de la justice a lui sur un coin du globe : l'oracle de la vérité s'est fait entendre du sein d'une assemblée de sages, et l'*ESCLAVAGE EST ANÉANTI*. Le réveil d'un grand peuple doit produire de grands résultats. De même que la foudre purifie l'air des miasmes impurs qui l'infèctent, écrase les pyramides orgueilleuses qui attestent les erreurs et les crimes de l'antiquité la plus reculée, dissipe les nuages épais qui dérobent aux mortels l'éclat de l'astre du jour, et occasionne, dans l'ordre naturel, un ébranlement prolongé, salutaire à tout ce qui respire : de même le réveil d'un grand Peuple doit, créant les mêmes effets dans l'ordre social, raviver tout ce qui le compose, et ressusciter, pour ainsi dire, ses éléments, pour les mettre, par ses efforts, dans un équilibre parfait. Ce mouvement se fait sentir, races passées ! . . . . Les héritiers de vos malheurs en sont étonnés ; mais ils vont jouir ; et les larmes d'attendrissement que répandront les libérateurs et les délivrés, seront pour eux la douce rosée qui accompagne l'aurore d'une nouvelle vie.

Nations depuis long-temps effacées de dessus le globe, vous princes, tyrans, rois, archontes, sénateurs, juges, magistrats, grands ! Vous que la nature a peut-être ramassés et confondus ensemble dans ce tourbillon de poussière que le vent emporte . . . . dites qui vous a pu conférer le droit atroce de détruire l'homme dans l'homme, d'opposer la nature à la nature . . . . d'établir enfin l'esclavage? Ah! votre réponse est écrite sur ces ruines éparses, l'asile du reptile vénimeux et de l'oiseau nocturne: votre réponse est dans votre propre destruction et dans sa cause! *La soif des jouissances exclusives, l'amour de la tyrannie et le luxe qui pourrit le cœur.*

Et vous dont le génie est immortel, vous échappés à la destruction des hommes de vos jours, législateurs, poëtes, historiens, dont les feuilles sçavantes surnageront peut-être au-delà des temps; pourquoi ne nous dites-vous rien sur l'origine, sur le droit affreux de l'esclavage? Plus près de la vérité que vos contemporains, pourquoi ne la leur avez-vous pas découverte? Pourquoi ne l'avez-vous pas fait tonner pour épouvanter vos maîtres? Et toi, sublime esclave *d'Epaphrodite*, ô *Epictète* (1) tu n'as rien dit non plus, tu t'es contenté

----

(1) *Epictéte* naquit à *Hiéropolis*, ville de Phrygie. On ne connaît pas bien son véritable nom. Celui qu'il porte, *Epictétos*, signifie *esclave, serviteur*. Il était esclave d'Epaphrodite, l'un des favoris ou des gardes de *Néron*. *Epictète* était un Stoïcien parfait. On a de lui un des meilleurs livres de morale qui existe, connu

de présenter à tes compagnons d'infortune la consolation d'une morale pure, il est vrai; mais qu'est-ce qu'un remède qui ne détruit pas la cause du mal ? Eh ! quoi, pourra dire le disputeur insensé, cet embarras de tous les écrivains tant anciens que modernes, né pourrait-il pas prouver ?. . . Blasphême ! non, citoyens, non : cet embarras prouve tout au plus que les hommes de génie eux-mêmes

---

sous le titre de *Manuel d'Epictète*. Il réduisait toute la philosophie à ces deux mots : *Souffre, abstiens-toi*. Son maître, *Epaphrodite*, jouant un jour avec lui à la manière des maîtres, c'est-à-dire, avec brutalité, Epictète lui dit plusieurs fois : *Finissez, vous me casserez la jambe*. Mais *Epaphrodite* ayant continué, il la lui cassa : (encore était-il boîteux de cette jambe dès sa jeunesse). *Je vous l'avais bien dit que vous me casseriez la jambe,* dit froidement Epictète, *la voilà cassée*.

Une de ses maximes favorites était celle-ci : *Avant de te présenter au tribunal des juges, présente-toi à celui de la justice.* Ce philosophe nous a laissé toute son histoire dans ce peu de mots : « Je suis Epictète, » esclave, estropié, un autre Irus en pauvreté et en » misère, et cependant aimé des Dieux ». Il mourut sous l'empire de Marc-Aurèle. La lampe de terre dont il s'était servi dans ses travaux nocturnes, fut vendue trois mille drachmes.

A 4

attachés à la chaîne universelle, étaient du côté des victimes de l'oppression; heureux, s'ils n'étaient pas du côté des oppresseurs!

Quelle que soit l'antiquité d'un crime, cette antiquité ne peut jamais prouver autre chose, si-non l'asservissement de ceux qui gouvernent, soit à leurs passions, soit à leurs tyrans. Eh! quelles autorités, pour les opposer aux droits sacrés de la nature!!! Oui, tant que le jour sera le jour; tant qu'un cercle sera un cercle, ces deux mots, *homme*, *esclave*, ne présenteront jamais à l'esprit que l'histoire de la violation de tous les principes, la série de tous les crimes qui peuvent entrer dans le cœur humain; enfin, deux idées incompatibles, et par conséquent destructives l'une de l'autre (1).

Si j'avais besoin de prouver ici que l'esclavage est aussi opposé au droit civil, qu'il l'est au droit naturel, il serait bien facile de

----

(1) « De quelque sens qu'on envisage les choses, » le droit d'esclavage est nul, non-seulement parce » qu'il est illégitime, mais parce qu'il est absurde et » ne signifie rien ». *J.-J. Rousseau*, *Contrat social*, *Livre 1*, *chapitre 4.*

démontrer que l'état civil d'un homme, n'est tel que par la loi, et qu'un esclave n'étant point dans la société, ne peut être atteint par aucun institut. Mais tout est prouvé pour un peuple qui met à la tête de toutes ses décisions, comme à la tête de sa législation, la déclaration des droits de l'homme.

Eh ! que servirait d'ailleurs cet étalage de preuves ? Serait-ce pour convaincre le tigre qui dévore les peuplades Africaines et Asiatiques ? Serait-ce pour convaincre le marchand d'hommes dont l'ame racornie n'est plus sensible qu'à l'intérêt pécuniaire ? Mais graces à la révolution, nous sommes à peu près délivrés de cette espèce dégoûtante d'animaux carnaciers qui se nourrit de sang, de larmes et d'or ; et s'il en existait encore, à coup sûr, ils ne peuvent qu'être fiers du titre de Républicains. Eh bien ! je pourrais les faire rougir, s'ils en sont encore susceptibles, en leur montrant *l'ame d'un roi !* plus sensible que la leur, l'ame d'un *Louis XIII*, répugnant à commettre le crime de l'établissement de l'esclavage dans les Colonies ! car il fallut que les prêtres (eh ! quels maux n'ont-ils pas provoqués ?) lui persuadassent que l'esclavage des Nègres était le moyen le plus sûr de les faire chrétiens, c'est-à-dire sauver leur ame, en détruisant son essence, *la liberté*, et leur procurer le paradis, en leur faisant essuyer ici bas toutes les tortures de l'enfer (1).

Que si j'avais à convaincre des politiques, je pourrais non seulement, à l'aide de *Rousseau* et de *Montesquieu* (2), prouver que tout ce qui est mal en soi, ne peut être bon en aucune circonstance de la législation, et que si l'esclavage est un mal, par cela seul il doit être proscrit partout bon gouvernement (3); que pour conserver des esclaves dans un pays peuplé de citoyens, il faut des lois de sang, et qu'un législateur prudent doit prévenir le malheur de devenir un législateur terrible.

____

(1) Voyez le P. Labat, nouveau Voyage aux Isles de l'Amérique. Tome 4.

(2) « Il me semble que quelques pénibles que soient » les travaux qu'exige la société, on peut tout faire » avec des hommes libres ». *Montesquieu, Livre 15, tome 1.*

(3) « Il (l'esclavage) n'est pas bon par sa nature : il » n'est utile ni au maître ni à l'esclave; à celui-là, » parce qu'il contracte avec ses esclaves toutes sortes » de mauvaises habitudes ; qu'il s'accoutume insensi- » blement à manquer à toutes les vertus morales ; » qu'il devient fier, prompt, dur, colère, voluptueux,

Sans parler ici du danger et de la folie de l'esclavage dans les états démocratiques, Je pourrais citer l'histoire de tous les peuples qui ont eu des esclaves, et peindre les tourments du gouvernement, tantôt pour les maintenir sous un joug souvent secoué, et diminuer (ô forfait !) leur trop grande population; tantôt pour restreindre la cruauté des maîtres: je citerais les lois succédant aux lois, les réglemens aux réglemens : aujourd'hui des décrets humains, et demain le *Sénatus-consulte syllanien* (1). L'inquiétude générale de ces états,

---

» cruel. . . . . Dans les démocraties où tout le » monde est égal , des esclaves sont contre l'esprit de » la constitution ; ils ne servent qu'à donner aux » citoyens une puissance et un luxe qu'ils ne doivent » point avoir ». (*Indè labes*.) Montes. *Tome 1, Livre 15, chapitre 1.*

(1) Ce *Sénatus-Consulte* porte que lorsqu'un maître serait tué , tous les esclaves qui se trouveraient sous le toit, et logés dans un lieu assez près de la maison pour qu'on pût entendre la voix d'un homme , seraient massacrés ; que ceux qui, dans ce cas , refugieraient un esclave pour le sauver , subiraient la peine des meurtriers ; que lorsqu'un maître serait tué dans un voyage , on punirait de mort les esclaves qui auraient fui d'auprès de lui, et ceux qui y seraient restés.

dans les soubresauts d'une législation fiévreu-se ; les mouvements toujours renaissants, les *guerres serviles* comparées par *FLORUS aux* (1) *guerres puniques* ; enfin le germe de la destruc-tion des nations dans le foyer de corruption qu'entraîne la tolérance même de l'esclavage. Je pourrais faire sentir l'incohérence cho-quante des lois sur l'esclavage , (si l'on peut appeler lois, ce qui consacre un crime contre nature ,) opposer la législation de Sparte (2) à celle d'Athènes ; (3) la législation de Carthage à celle de Rome ; les lois Mo-saïques(4)à celles de la Tartarie et du Japon , analyser leurs divagations, leurs oppositions,

---

(1) *Florus ,* Livre 3.

(2) A Lacédémone , les esclaves ne pouvaient se plaindre des insultes et des mauvais traitements qu'ils éprouvaient tous les jours ; ils étaient non-seulement esclaves d'un homme, mais de toute la cité.

(3) A Athènes , les lois sur l'esclavage étaient beau -coup plus douces. On punissait sévèrement quicon-que frapait l'esclave d'autrui.

(4) *Si quelqu'un ,* dit Moyse , *frappe son esclave &* qu'il *meure , il sera puni.* (Il ne dit pas comment). *Mais si l'esclave survit un jour ou deux , le maître ne sera pas puni, parce que c'est son argent.* . . . . . C'est son argent ! ! !

sur un même sujet , et en tirer l'induction
que toutes les fois que l'on s'écarte des principes de la vérité , on s'embarque sur un océan
de ténèbres , et que tous les efforts que l'on
fait pour s'y guider ou s'y maintenir, ne servent qu'à provoquer inévitablement la perte
la plus prochaine... Mais les temps sont passés
où les nations, composées de brigands et d'esclaves, d'animaux féroces et d'animaux imbé-
ciles, n'offraient à l'œil épouvanté que l'horrible spectacle de la dégradation de l'espèce
humaine endormie dans le crime, se réveillant
quelquefois dans le crime, et finissant par se
perdre dans le crime.

Je parle ici à des citoyens tous convaincus
de cette vérité, que l'esclavage est le plus
grand des maux, et son abolition le plus grand
des biens, tant pour les états que pour les particuliers : pour les états, en les préservant de
ces agitations violentes qui hâtent leur chûte :
pour les particuliers, en les préservant de la
contagion de tous les vices qui naissent de
l'esclavage qui éteint les hommes. . . L'esclavage qui éteint les hommes ! . . . idée acca-
blante et trop vraie! que n'as-tu frappé l'ame
de ces législateurs que l'histoire nous cite avec
tant d'orgueil! que n'ont-ils proscrit jusqu'au

mot d'esclave ? Hélas ! si vous n'aviez été peuplées que de citoyens égaux et libres , peut être vous existeriez encore , magnifique *Palmyre* ; (1) et vous *Thèbes* , (2) la première des cités ! vous existeriez peut-être encore , antiques *Persans* , dont la population immense s'étendait de l'Indus (3) à la Méditerrannée !

---

(1) Une des plus grandes , des plus riches et des plus belles villes de l'antiquité , dont il ne reste plus , près les rives de l'Oronte en Syrie , dans la contrée appelée le Désert , qu'un amas immense de ruines qui présentent , par la beauté des corniches et des colonnes renversées , une idée de la grandeur et de la science de ses habitants.

(2) Thèbes. *Hécatompylos.* Les régents de collége traduisaient ce mot par *cent portes.* Mais les républicains plus instruits , disent *cent palais.* Cette ville était la capitale de la Béotie. Elle fut ruinée par le *brigand Alexandre.* Les poëtes nous disent qu'elle fut ceinte de murailles par Amphyon. Elle eût deux célèbres capitaines , *Epaminondas* & *Pélopidas.* C'était la patrie du poëte *Pyndare.* La fable y fait naître les deux Bacchus et Hercule. Il y avait plusieurs villes de ce nom toutes célèbres et toutes détruites , ou réduites à de malheureux villages.

(3) Le plus grand de tous les fleuves de l'Asie qui a donné son nom à l'Inde qu'il arrose. L'histoire rapporte qu'Alexandre mit cinq mois dans sa navigation sur ce fleuve ; quoiqu'il fît au moins six cents stades par jour. Il prend sa source au mont *Paropamissus* , près le *Caucase.*

mais, instruments de la tyrannie, et tyrans vous-mêmes, vous aviez dans vos usages et vos loix le principe de votre anéantissement. Les hommes, chez vous, étaient divisés en deux parts, celle qui commande et que l'on hait, et celle qui obéit et ne pardonne jamais. (1)

Attaqués par de véloces et nombreux voisins, vous avez armé vos esclaves. ET vous n'avez opposé que des remparts de cadavres à l'intrépidité des vainqueurs; ET bientôt moissonnés vous-mêmes par la flèche rapide qui ne choisit pas sa victime, entassés sur vos esclaves étendus, vous avez abreuvé de votre sang cette même terre qu'ils arrosaient hier de leurs sueurs et de leurs larmes, pour la forcer à vous prodiguer ses trésors. ET vos cités bouleversées ne sont plus qu'un amas de décombres qui n'ont d'autre cîment pour les lier entr'elles, que la ronce qui déchire le pied du voyageur, ET vos ports comblés, vos temples renversés, vos palais détruits, l'éloquent silence des tombeaux succédant au murmure de la vie sociale, attestent aux générations qui vous survivent les outrages que vous fîtes

---

(1) *Metus & terror est, infirma vincula caritatis, quæ ubi removeris, qui timere desierint, odisse incipient.*

(16)

à la nature, en consacrant chez vous l'esclavage, et la vengeance terrible qu'elle sçut en
tirer, en combinant contre vous dans ses cal-
culs infinis tous ses grands moyens de destruction.

Où sont-ils les remparts sacrés de *Lacedé-
mone*? (1) les portiques d'*Athènes*? (2) les flottes
de *Tyr*, les immenses travaux de *Sydon* (3) ;

---

(1) Ou *Sparte*, ville ancienne du Péloponèse, sur
les bords de l'*Eurotas*. *Licurgue* fut son législateur.
L'amour de la patrie, les vertus républicaines, le
respect pour les Dieux et les vieillards étaient la base
des mœurs de ses habitants. C'est de Lacédémone que
sont sortis les plus grands capitaines : et cette ville
n'est plus !

(2) C'était la capitale de l'Attique. Elle eut pour
législateur *Solon*. Une grande douceur dans les mœurs,
un goût exquis et un grand respect pour les beaux
arts, formaient le caractère principal de ses habitants.
Poëtes, orateurs, historiens, guerriers, elle avait
tout, et rien de médiocre dans ce qu'elle avait. On
voyait dans Athènes les plus beaux édifices du monde.
Elle fut dans l'antiquité la pépinière, le rendez-vous
et l'école des grands hommes dans tous les genres.
Elle n'est plus !

(3) Ville très-ancienne de la Phénicie, située autre-
fois sur les bords de l mer. Cette ville était fameuse
par ses immenses ateliers.

les

les temples de *Persépolis ?* (1) où sont-ils ces immenses troupeaux de *Memphis.* (2) Qu'est

---

(1) C'était jadis la capitale de toute la Perse. Les temples du Soleil ou *Mithras*, dont je parle ici, étaient de superbes plaines plantées d'arbres fruitiers de toute espèce, arrosées par des sources d'eau vive, et ornées des plus belles fleurs. Alexandre étant ivre (ce qui lui arrivait souvent), fit détruire cette ville, pour venger, disait-il, les Grecs, tandis que lui-même les asservissait.

Le Dieu *Mithra* ou *Mithras* qui n'est autre chose que *l'Adonis* ou *Adonaï* des phéniciens, *l'Atys* des phrigiens, le *Bachus* des Grecs et *l'Osiris* des Egyptiens, était connu sous l'emblême *de l'Agneau ou Bélier, redempteur, sauveur, expiateur.* C'était selon *Jean,* l'un des initiés, *la lumière qui éclaire tout œil s'ouvrant dans le monde.* Le Dieu *Mithra* de Persépolis, était né comme le *Christ* de *Hiérursalem* le 25 Décembre, et tous les ans à pareille époque, à l'heure de minuit, au moment ou la constellation de la vierge monte sur l'horison, l'on célébrait l'anniversaire de cette naissance mystérieuse. La constellation de la Vierge était dessinée dans toutes les sphères anciennes sous les traits d'une jeune vierge allaitant un enfant, qu'on appelait *Iesous* (Isis).

Voyez Porphire, *demi steriis ægiptiorum.* Boulanger, de l'ant. dévoilée et les mémoires de l'acad.

(2) Ville de l'Egypte, célèbre par ses édifices publics, mais encore plus par les immenses et superbes troupeaux *d'Ogdoüs,* l'un de ses Rois.

B

devenu ce monde de laboureurs, de pasteurs, d'artistes, de matelots, de guerriers ? ô terres désolées et veuves d'habitants, ruines mousseuses, vous n'offrez plus à mon imagination effrayée que la vaste urne cinéraire de cent peuples détruits, sur laquelle la nature a gravé, de ce doigt qui ouvre les entrailles de la terre et remue les éléments, votre épitaphe en trois mots : ESCLAVAGE. CORRUPTION. DESTRUCTION.

Mais sans aller interroger les tombeaux des anciens; sans aller dans la nuit des temps déterrer les funestes effets de l'esclavage; sans même nous arrêter sur les premiers siècles de la France esclave, sous le systême de la féodalité et de la servitude personnelle, fixons un moment nos regards sur des faits beaucoup plus près de nous. Suivons dans sa course impie ce vaisseau négrier qui, semblable au *Taureau de Phalaris*, (1) doit consumer tant

____

(1). *Phalaris*, tyran des *Agrigentins*, inventait tous les jours de nouveaux supplices qu'il faisait essayer sous ses yeux. Enfin, il fit construire, d'après les desseins de *Perillo*, un taureau d'airain qu'on faisait rougir au feu pour y enfermer des hommes vivants, et flater l'oreille du tyran par les cris affreux de ces pauvres victimes. *Peryllo*, l'inventeur de la machine de victimes humaines. Voyons-le aborder la côte d'Affrique, et vomir sur des rivages jadis heureux, l'art infernal de diviser les hommes, de les tenir continuellement en guerre, afin d'acheter leurs prisonniers pour des liqueurs fortes qui empoisonnent les vainqueurs. Voyons les plus belles contrées du monde habitées par un peuple doux par essence, et transformé par l'esclavage, en un ramas de fauves occupées, grace aux ressources Européennes, à se déchirer impitoyablement, à se charger de fers et se vendre tour-à-tour, pour se voir ensuite transplanter dans des contrées inconnues, y subir le sort des bêtes de somme et ne voir la fin de tant de maux que sous la tombe. Suivons l'avide marchand d'hommes dans toutes ses opérations; voyez-le entasser ses victimes les unes sur les autres dans un espace étroit, infect, étouffé; meurtrir sous les sinuosités d'une corde goudronnée, le sein encore plein de lait; voyez la jeune épouse arrachée à son époux, à ses enfants, qui sont déjà morts, privés

infernale, y fut jeté le premier. (Avis aux inventeurs de tortures). Mais Phalaris se rendit si odieux par ses cruautés, que le peuple indigné, le brûla à son tour tout vif dans le même taureau où il avait fait périr tant d'hommes. (Avis aux tyrans).

des soins maternels; entendez les gémissements de ces infortunés (1) appelant la mort à toute minute marquée pour eux par un supplice nouveau; voyez-les.... mais quittons ce gouf-

----

(1) Ceux qui ne sçavent pas ce que c'est qu'un vaisseau négrier, pourront l'apprendre de M. *Falconbridge*, dans son tableau de la Traite des Nègres. Figurez-vous d'abord un espace dans l'entre-pont large de deux ou trois pieds, où les Nègres sont entassés, dans lequel ils ne peuvent non-seulement se tenir debout, mais pas même assis pour peu qu'ils soient grands. Ils y sont enchaînés deux à deux par les deux pieds et les deux bras, ensorte que l'un est toujours associé aux douleurs et à la maladie de l'autre. Dans cette situation, étouffés par une chaleur brûlante et fétide, ils se heurtent et s'ensanglantent continuellement au plus léger roulis du vaisseau. Là, ils éprouvent très-souvent des maladies épidémiques, telles que la dissen-terie et le flux de sang ; mais écoutons là-dessus le rapport d'un Chirurgien cité par *Faconbridge*. « Un » grand vent nous ayant surpris, nous fûmes obligés » de fermer nos sabords ; alors la fièvre et le flux » augmentèrent. J'allais souvent les visiter (les Nègres) » mais à la fin, l'atmosphère de l'entre-pont devint si » fétide que le était insupportable au-delà de trois » minutes. Le plancher était si couvert de pourriture » et de sang, qu'il n'est pas possible d'imaginer une » situation si horrible et si dégoûtante. Un grand » nombre de ces esclaves était sans connaissance. On » les porta sur l'entre-pont où le plus grand nombre

- fre destructeur et débarquons avec le reste de ces pauvres esclaves assez malheureux pour avoir échappé à la maladie ou au désespoir qui a moissonné la moitié des leurs.

Si nous débarquons dans quelques unes des *Antilles*, qu'y verrons-nous ? des Portugais énervés de mollesse dont l'aspect nous rappelera la sanglante origine de l'esclavage dans ces contrées. Les étaux des bouchers où furent mis en pièces les restes des Mexicains, pour servir de pâture aux chiens des vainqueurs, viendront se peindre dans notre pensée et nous faire frémir d'horreur; si nous débarquons à la *Guadeloupe* ou à *Saint*

» mourut ». Un témoin oculaire écrivait à *Court de Gébelin* : « J'ai vu jusqu'où peut aller la barbarie eu-
» ropéenne : j'ai vu faire provision de poison pour
» éviter la révolte des noirs sur un vaisseau négrier.
» J'ai vu faire usage d'instruments inventés pour les faire
» manger par force après les avoir martyrisés par la
» question du *palan* ; mais malgré les extensions de
» membres et la flagellation la plus cruelle, j'en ai vu
» périr beaucoup opiniâtrés à ne point manger quoi-
» qu'avec des cornes en entonnoir on leur versât
» par force des aliments liquides dans le gosier. Heu-
» reux sont ceux qui peuvent ainsi s'arracher par la
» mort à l'esclavage le plus affreux et à des tyrans si
» féroces ! »

Domingue, nous y verrons une longue suite d'esclaves courbés d'un soleil à l'autre sur un sol brûlant, et sous le fouet d'un piqueur inhumain, invoquer tout bas la mort ou bien la Liberté. (1) Quelques uns au retour des ombres s'entretenant, (toujours tout bas) des bords qui les ont vûs naître, poussant des soupirs vers le ciel, et appelant en vain un libérateur... hélas ! et si par hasard ils sont entendus, que de douleurs !...mais rassurez-vous, citoyens , non , je ne vous peindrai pas les tortures qu'ils ont à souffrir ; il faut l'imagination d'un *Louis XI* pour pouvoir s'appesantir sur de pareils détails ; hélas ! ils ne sont que trop connus....ils ne pleurent plus les malheureux Nègres , il y a bien long-temps que la dernière larme a rafraîchi leur paupière desséchée : heureux encore , si dans leurs cœurs nés pour aimer avec énergie , toutes

____

(1) Il n'est pas rare de voir des mères étouffer leurs enfants par tendresse et par pitié pour eux. Il est moins rare encore de voir des nègres avaler leur langue et s'étouffer ainsi. Cette manière d'avaler sa langue est même un art que tout le monde ne possède pas ; il se transmet en secret comme l'initiation aux mystères de la délivrance.

les passions n'ont pas fait place à la haine fortement prononcée. Alors leur pensée active et bouillante devient l'attelier de tous les crimes; aussi prompts à se communiquer leurs desseins qu'habiles à les exécuter, ils vont ravager toute une contrée pour ensuite périr eux-mêmes sur les débris qu'aura fait naître une rage long-temps concentrée.

Voyez-vous ces gros tourbillons de flamme et de fumée ! Eh bien ! c'est le théâtre de la plus affreuse de toutes les guerres. Dix mille esclaves, vingt mille maîtres sont armés; l'incendie et la dévastation indiquent les traces horribles des combattants; la terre est jonchée de cadavres, rien ne ralentit la fureur de part ni d'autre; c'est la guerre de la vengeance, elle est terrible !... Eh Dieu ! pourquoi donc tant de crimes, tant de malheurs, tant de tourments, tant de fléaux, tant de carnage, tant de sang ? pourrions-nous le croire, si l'expérience ne le prouvait tous les jours : c'est pour satisfaire à l'insatiable cupidité de quelques familles Européennes qui dépeuplent, ravagent les deux tiers du monde connu, afin de fournir, aux autres portions, qu'ils soumettent encore à leur comptoir, quelques superfluités.

Parlez à ces êtres là, des loix sacrées de la nature, des principes de la civilisation, des droits imprescriptibles de l'homme ? ils vous répondront froidement : *c'est mon commerce.....* Et ! malheureux , *Mandrin et Louis XIV, Charles IX et Desrues* avaient aussi leur commerce. Réponds, si tu as encore une conscience, était-il légitime ?

Parlez-leur avec l'accent de la pitié, des maux qu'occasionne l'esclavage à ceux qui le tolèrent, et à ceux qui en sont les victimes ; peignez-leur tous les dégats dont il est la cause : et ils vous répondront, en accolant quelques chiffres, « trois cents mille esclaves, » à mille livres, l'un portant l'autre, font » trois cents millions que l'on perdra, ...et. » arrête, n'achève pas d'outrager la nature en ma présence... je ne veux pas te répondre ; mais je dirai à ma patrie : ces trois cents mille esclaves *qui n'ont jamais pu être achetés ni vendus,* formeront une armée de trois cent mille hommes, invincibles, puisqu'ils se battront pour leur liberté et pour celle d'un pays qui sera *leur.*

Les Colonies Françaises ravagées par les différents partis qui se les sont disputées, trouveront tout à coup trois cent mille cultivateurs, intéressés à leur propriété. L'esclave n'a ni bras ni pensée; c'est une machine mise en mouvement malgré elle; l'esclave, devenu libre, retrouve des bras, une raison, un cœur reconnaissant; toutes ses facultés se doublent et il les consacre à la patrie... pardon citoyens si je me suis trop appesanti sur les maux dont l'esclavage a été la source. j'ai cru que pour mieux sentir toute la grandeur du bienfait de sa destruction totale, il était bon de nous entretenir de toutes ses horreurs. Nous l'avons vu comme un vaste cancer couvrant le globe entier de ses ramifications venimeuses, empoisonant tantôt l'un, tantôt l'autre hémisphère, quittant une contrée totalement ravagée, pour porter la désolation dans une autre, puis revenir à la première après sa répopulation; nous l'avons vu étendant sur le monde antique, et sur le monde moderne les crêpes de la mort: mais aujourd'hui le tocsin de la justice éternelle a sonné, les paroles sacramentelles ont été prononcées par l'organe d'un Peuple puissant et bon : *L'ESCLAVAGE EST ABOLI.*

Est-ce ta voix, ô nature? est-ce ta voix qui vient de se faire entendre? ou si les voû-

tés du temple des lois n'ont fait que lui servir d'écho ? Ministres de la morale des nations,
heureux législateurs, vous l'avez prononcé ce
décret immortel : il est déjà votre récom-
pense. Entendez-vous ce concert d'actions de
graces, ces cris d'allégresse, et de bénédic-
tion, partis du milieu de ces esclaves dont
vous venez de briser la chaîne. Les voyez-
vous ces hommes, la joie peinte sur la figure.
bondir comme le jeune Faon en criant
Liberté ! et courir raconter leur bonheur à
toute la nature ? Ils le disent aux arbres, aux
rivières , aux montagnes.....Eh oui ! semblable à l'éclair électrique, qui parcourt en un
clin d'œil l'espace incalculé , l'oracle que vous
venez de prononcer, sur les rives de la Seine
va bientôt retentir de la *cime des Cordilieres*,
(1).. dans les antres glacés de la *Sibérie*
(2)... Mais que vois-je ?..Hommes noirs !...
La flèche homicide entre vos mains !... Bien-

---

(1) Ce sont les plus hautes montagnes du monde,
selon les voyageurs ; elles sont situées dans le Pérou.

(2) Tout le monde sçait que le gouvernement Russe
fait périr par année plus de dix milliers d'esclaves dans
les mines de la Sibérie, où on les emploie à extraire
les métaux et les pierres précieuses telles que l'aigue
& le cristal de roche.

tôt elle va, signal de la guerre, parcourir toutes les habitations de la contrée, le sang va couler encore.... arrêtez, gardez cette flèche pour le *Gesler* (3) Anglais, ou Espagnol qui tenterait de vous réasservir. Arrêtez, il n'y a plus dans le pays que vous habitez, ni maîtres durs à punir, ni esclaves à délivrer, vous êtes tous égaux. Oui tous égaux!... Voyez-vous les fruits noirs du *Troëne* (*Kenna*) (4), mêlés aux bouquets blancs de l'oranger?

(3) *Gesler*, Gouverneur en Suisse pour l'Autriche, ayant dans un accès de despotisme, obligé *Guillaume Tell*, à abattre avec sa flèche une pomme placée sur la tête de son fils, celui-ci l'abbatit. Mais une autre flèche cachée sous les vêtements de ce malheureux père, trahit ses intentions. A quoi bon cette autre flèche, demanda *Gesler*, *je la réservais pour toi*, répondit *Guillaume Tell*, *si j'avais eu le malheur de tuer mon fils*. Ce *Gesler* fut le premier scélérat qui cimenta par sa mort la liberté des Suisses, dont *Guillaume Tell* et ses braves compagnons furent les fondateurs.

(4) Espèce de troëne d'Affrique. Les négresses s'en servent pour teindre leurs ongles et quelquefois leurs cheveux en rouge. Cette couleur reste souvent jusqu'à leur nouvelle réproduction : ce qui a fait croire à quelques voyageurs qu'il y avait des femmes Affricaines qui avaient les cheveux et les ongles rouges. Notre troëne est un petit arbrisseau qui rapporte des bayes noires, lesquelles servent à faire une jolie teinture violette.

Le soleil éclaire, vivifie l'un et l'autre sans distinction, et ce mélange forme un spectacle enchanteur : eh bien, voilà désormais votre destinée. Allez maintenant, allez sur les tombeaux de vos pères immolés à l'avidité des nôtres ; formez-y des chœurs, oubliez avec les romances plaintives de vos *guyriots*, (1), toutes vos peines, tous nos torts et les vôtres ; ne songez plus qu'à votre bonheur. Entonnez des chants de liberté ; que votre cri de ralliement soit désormais : *France et Convention nationale*. Ah ! sur-tout recueillez précieusement les cendres de votre fidèle ami, du courageux *Ogé*. Le premier il osa vous parler de liberté ; fort de toute la force que donne la vertu et la conscience d'un homme libre, le premier il osa braver la tyrannie. Vainqueur sans cruauté, il fut vaincu sans montrer de faiblesse, et mourut en grand homme ! Sur l'échaffaud même, son port majestueux et sa force d'âme semblaient commander à ses vils bourreaux. Dressez-lui, hommes nouveaux, dressez-lui un monument simple comme vos cœurs ; suspendez-y pour

---

(1) *Guyriots*, chansonniers nègres ; on leur attribue quelques romances madécasses sans art, mais pleines de sentiment.

trophées tous les infâmes attributs de l'esclavage passé ; gravez-y , pour appaiser son
ombre , ces mots qui sont le gage de votre
félicité : DECRET DE LA CONVENTION NA-
TIONALE , QUI ABOLIT L'ESCLAVAGE. Et toi,
cendre d'*Ogé* , cendre respectable et chérie ,
reçois de la part d'hommes libres , le juste
tribut d'éloges que méritent les grands efforts
que tu fis , et les mâles vertus que tu dé-
ployas ; attends en paix que la nation, dont
tu fus l'interprête hardi , ait elle-même prononcé sur ta vie et tes travaux , son irrévo-
cable jugement.

Pour nous , Citoyens , réunis aujourd'hui
pour célébrer une des plus belles époques de
notre révolution , gardons-nous de prévenir
par des vœux indiscrets et précipités les décisions de nos législateurs pour l'exécution de
la loi dont nous venons de parler ; craignons
que trop d'empressement ne retarde encore le
bonheur de nos frères de couleur ; attendons
avec confiance l'effet des mesures sages que
doit prendre le gouvernement pour préparer
des yeux affaiblis, aux torrents de lumière qui
vont les frapper ; craignons qu'une ivresse hâ-
tive ne s'empare avec trop de violence de ces
hommes tout-neufs pour la liberté , et n'excite

encore parmi eux des mouvements qui pourraient être funestes et à eux et à nous. C'est au pilote qui ordonne la manœuvre du vaisseau à la diriger et la suivre de l'œil. Ah! croyez que la Convention nationale est aussi impatiente que vous de jouir du spectacle d'un monde d'heureux. Reposons-nous donc sur son expérience et sa sollicitude paternelle, du soin de répondre par des faits authentiques aux arguments des ennemis de la liberté des Noirs; contentons-nous de chanter la nouvelle victoire qn'elle vient de remporter sur d'antiques préjugés. Célébrons les desseins éternels de la nature dont elle a constamment été l'organe; fêtons dans la personne des Représentants du peuple, députés des colonies, nos frères qu'ils ont laissés au-delà des mers, dans l'attente du plus grand de tous les biens, et jouissons par anticipation du plaisir qu'ils éprouveront à leur annoncer *la bonne nouvelle*; enfin que cette journée soit consacrée à chanter l'égalité et la liberté... VIVE L'ÉGALITÉ ! VIVE LA LIBERTÉ !

Extrait du procès-verbal de la séance du conseil-général de la Commune, le 23 pluviôse, l'an 2me de la république.

Les trois Représentants du peuple, députés des Colonies, l'un noir, l'autre métis, et le troisième blanc, entrent au Conseil général de la commune, et y présentent au nom de leurs commettants, les sentiments d'affection et d'estime que leur ont inspirés les vertus, le courage du peuple de Paris, et de ses magistrats.

Discours du Député métis au Conseil-général de la Commune de Paris.

Citoyens Magistrats du peuple,

Nous venons cimenter avec le peuple de Paris, au nom de 6 ou 7 cent mille individus qui habitent Saint-Domingue, un pacte d'union et de fraternité ; il a commencé la révolution, il a combattu le tyran, il a renversé le despotisme, et il a si bien servi la cause de la liberté et de l'égalité, qu'enfin la République est une et indivisible.

Nous venons lui apporter l'hommage de notre admistration pour ses glorieux travaux et pour ses succès ; c'est en écoutant le récit de ses efforts, de ses victoires, que nous avons retrouvé en nous-mêmes l'énergie qui caractérise l'homme libre, le républicain, et qui était étouffé par l'avilissement où nous étions plongés. C'est aux progrés de l'esprit qu'il a développés, que nous devons l'heureuse régénération qui nous a d'abord fait citoyens, et qui vient enfin de rendre à nos frères le nom d'*hommes*, en échange de celui d'*esclaves*. Ce mot odieux ne souillera plus le dictionnaire des Français ; il n'y aura plus dans toutes les parties de la France, qu'un peuple d'amis et de frères.

Le nom du Peuple de Paris s'alliera éternellement dans notre souvenir, à l'idée de la liberté, de la République française, de la Convention nationale, et avec celle de la soumission et de l'attachement inaltérable à ses lois.

Peuple de Paris, voilà les sentiments que je te présente, au nom de mes frères, et je les présente entre les mains de tes magistrats.

Signé, M I L L S.

Discours

(33)

Discours du député noir.

CITOYENS,

Je fus esclave dans mon enfance. Il y a 36 ans que je suis devenu libre par mon industrie ; je me suis acheté moi - même. Depuis, dans le cours de ma vie, je me suis senti digne d'être Français.

J'ai servi ma patrie avec l'estime de mes chefs dans la dernière guerre, à la campagne de la nouvelle Angleterre , sous le général d'Estaing. Dans les journées trop mémorables des 20 et 21 juin dernier (vieux style) , quand le traître et perfide Galbaud , à la tête des contre - révolutionnaires , voulut faire égorger les délégués de la France ; je me suis armé avec mes frères pour les défendre ; mon sang a coulé pour la République Française, pour la noble cause de la liberté : je ne prétends pas m'en faire un mérite, je n'ai fait que mon devoir.

A peine échappé au danger de mes blessures, j'ai été nommé, par mes concitoyens, pour les représenter en France et vous apporter l'hommage de leur dévouement et de leur fidélité éternelle à la Nation Française; citoyens, voilà mes seuls titres; voilà ma gloire.

C

Je n'ai qu'un mot à vous dire : c'est que c'est le pavillon tricolor qui nous a appelés à la liberté ; c'est sous ses auspices que nous avons recouvré cette liberté, notre patrimoine et le trésor de notre postérité ; et tant qu'il restera dans nos veines une goutte de sang, je vous jure, au nom de mes frères, que ce pavillon flottera toujours sur nos rivages et dans nos montagnes.

Signé, BELLEY.

Discours du député blanc.

CITOYENS,

Lorsque tous les Français étaient libres, 6 à 7 cent mille hommes étaient encore esclaves à Saint-Domingue, et autant dans nos autres îles. — Ils étaient enveloppés de maux ; ils étaient sur un territoire français comme dans un pays étranger ; ils n'avaient pas la permission d'avoir une patrie ; ils fécondaient une terre française ; ils contribuaient à la prospérité de la métropole, et ils ne retiraient aucun fruit de leurs sueurs ; rien n'était à eux, pas même l'espérance.

J'ai eu le bonheur de plaider leur cause, et de les attacher à la France ; la Convention nationale a été leur libératrice, elle a brisé leurs fers, elle leur a restitué les Droits de l'homme; le malheur pour eux n'est pas éternel : la nature est dans la joie de voir un si beau triomphe; il ne manque rien à mon bonheur.

Pour surcroît de félicité, étant né à Paris, je me trouve au milieu de mes concitoyens, de mes compatriotes; je n'ai plus rien à désirer, si ce n'est leur estime, et de me montrer digne d'eux dans la Convention; et jusqu'à mon dernier soupir je le serai, je le jure, et moi je tiendrai mes serments.

Signé, DUFAY.

Le président repond: Citoyens, les Droits de l'homme étaient violés depuis long-temps; des scélérats, des rois avaient, par un long esclavage, abatardi l'espèce humaine; ils ne rougissaient pas de faire le commerce d'hommes. Graces à notre sainte révolution, nous avons reconquis nos droits, nous les maintiendrons, unissez-vous à nous; formons un faisceau inébranlable; jurons la mort des tyrans. Bientôt nos vœux seront exaucés, et la terre, purgée des monstres qui la souillaient, n'offrira plus que le spectacle touchant d'hommes véritablement libres.

C 2

Alors CHAMETTE obtient la parole , et dit:

« Dans le temps où pour des ames pusilla- nimes il était dangereux de proclamer les Droits de l'homme et d'en faire l'application aux Gens de couleur, la Commune de Paris, bravant et préjugés et craintes , osa accueillir dans son sein les victimes de l'égoïsme, et reçut d'eux, pour gage de leur attachement, le drapeau que vous voyez suspendu sur nos têtes. La visite de nos frères , députés de Saint-Domingue, nous dédommage aujourd'hui des dédains affectés que nous éprouvâmes , lorsqu'à la barre de la Convention nationale , nous conduisîmes les Américains précédés d'une femme de 114 ans......., femme qui portait sur son front l'empreinte d'un siècle de malheurs , d'un siècle de crimes de la part de nos malheureux pères , ou plutôt le sceau de leur propre asservissement ; mais alors la Convention n'était pas *elle - même*: elle ne pouvait qu'employer ses efforts à délivrer le Peuple Français de la tyrannie des fédéralistes qui infectaient tout, jusqu'au sénat lui-même.

Si je m'en souviens bien, ce fut l'an d'après l'expulsion des rois , que Rome, sur la motion de *Valérius Rublicola*, prononça les lois sur l'affranchissement ; et c'est chez nous l'an d'après la mort du tyran, que le nom même d'esclave a été détruit.

Citoyens, nous avons plus qu'un *Valérius Publicola*, plus que tous ses travaux réunis : nous avons une Convention nationale, qui ne se contente pas de faire des lois sur l'affran-chissement, mais qui, d'un seul mot, prononce l'abolition de l'esclavage ; nous avons une Convention Publicole!... vive la Convention.... vive la Convention Publicole !... (*Le peuple des tribunes répète*) Vive la Convention Publicole !...

Et vous, hommes des Colonies, applaudissez avec nous aux travaux d'un peuple neuf qui veut faire oublier à vos concitoyens les crimes du vieil homme ; non, non, le *nabot* (1) meur-trier ne broyera plus la cheville du pied du malheureux esclave. Ah ! qu'il parte promp-tement l'être fortuné, qui, organe de nos législateurs, sera aussi dans nos Colonies l'or-gane des lois sacrées de la nature ; qu'il vole,

––––––––––––––––––––––––––

(1) Morceau de bois arrondi qu'on assujétit au moyen d'un anneau de fer sur le bas de la jambe des Nègres, de sorte qu'un Nègre ne peut faire un pas sans éprouver un supplice.

qu'il crie *liberté!* -- Qu'il s'avance dans l'ha-
bitation de l'avidité orgueilleuse ; qu'il s'élance
avec la rapidité de l'éclair sur le piqueur barbare, en lui criant : arrête malheureux, tu
frappes un homme libre....

O vous, mères infortunées, obligées de
maudire votre fécondité, rassurez-vous, vos
enfants seront *citoyens* ; la source des crimes
est tarie : non, vous n'étoufferez plus vos enfants pour les soustraire à l'esclavage et au fouet
homicide ; vous ne les étoufferez plus pour les
soustraire au long supplice de la vie ; vous les
nourrirez pour la patrie, vous les nourrirez
pour jouir de la liberté et bénir leurs libérateurs. Et vous, Hommes Noirs, vous ne.........
(il faut que je me serve de votre expression)
vous n'avalerez plus votre langue, pour pouvoir cacher sous la tombe votre dégradation
et vos tourments ; vous la conserverez au contraire, pour prononcer l'arrêt de mort de la
tyrannie, pour tonner contre vos oppresseurs,
quelle que soit la peau dont les ait couverts la
nature ; vous la conserverez pour proclamer
dans les deux mondes, l'immortelle déclaration des Droits de l'homme, trop long-temps
ensevelie pour vous sous le fatras des discours
astucieux, et les paperasses fatigantes du

long procès de l'humanité contre le despotisme.

Pour vous, Commune de Paris, jouissez
un moment du peu de bien que vous avez fait.
Ce n'est rien, il est vrai, en comparaison de
ce qu'ont fait nos Législateurs; mais la nature
qui fait croître le cèdre du liban, donne aussi
asile à la simple violette, sous les voûtes som-
bres de nos forêts. Nos législateurs déposent
aux pieds de la Patrie, aux pieds de la liberté,
les immortels trophées de leur gloire. Recueil-
lons l'humble fleur des champs, et portons aussi
notre offrande à la divinité commune. Le législateur proclame, au nom du Peuple Français, les droits de l'humanité, et marque ses
travaux par de nouveaux bienfaits; qu'il nous
soit permis de les célébrer; chantons la sainte
égalité, et que nos chants ayent pour échos
les montagnes du pays des enfants du soleil.

Décadi prochain, comme le portent nos
arrêtés, nous nous assemblerons avec nos frères,
au Temple de la Raison, pour y lire les Droits
de l'homme et pour y chanter les cantiques
de la liberté. Célébrons-y aussi l'abolition de
l'esclavage. Je propose qu'un membre du Conseil-général prononce un discours sur ce sujet,
et que cette fête soit consacrée à célébrer cette
belle époque de notre révolution.

Le Conseil adoptant la proposition de l'agent national, arrête qu'il sera invité lui-même à prononcer le discours qu'il propose ; que toutes les autorités constituées, le corps électoral, les sections, les sociétés populaires, les comités civils et révolutionnaires, seront invités à cette fête : arrête enfin que l'administration des travaux publics prendra les mesures nécessaires pour l'ordre à y faire observer.

Et le Décadi, 30 Pluviôse, le Peuple de Paris s'est réuni avec ses magistrats, au Temple de la Raison. Le concours était immense. A l'arrivée de la députation de la Convention nationale, au nombre de laquelle étaient les députés des Colonies, les cris répétés de *Vive la Convention nationale*, et les applaudissements, mêlés au bruit des instruments guerriers, firent retentir les voûtes de l'édifice et furent répétés au dehors.

Les citoyens et citoyennes de Couleur étaient placés avec la députation de la Convention nationale, dans une enceinte ornée de guirlandes et de couronnes.

La cérémonie commença par une ouverture de *Gossec*, exécutée par *l'institut national de musique*. Le président du Conseil lut ensuite la déclaration des Droits de l'homme.

Après cette lecture, on exécuta un autre morceau de musique, pendant lequel les plus doux épanchements de fraternité se manifèstèrent. Les cris de *vive la République* mirent fin à cette scène touchante.

Le secrétaire-greffier fit ensuite lecture de l'analyse de toutes les belles actions qu'avait vu naître le mois passé. Suivit un autre morceau de musique. Enfin, le Citoyen *Chaumette* fit le discours ci-joint, lequel fut interrompu souvent par de nombreux applaudissements : des larmes d'attendrissement coulaient de tous les yeux, elles étaient délicieuses. Le discours fini, les citoyens de couleur vinrent donner à l'orateur le baiser de fraternité. Un enfant nègre, élevé sur les bras et ainsi remis aux représentants du Peuple, produisit le plus grand effet; mais bientôt les hommes de Couleur, suivis de la municipalité, s'avancèrent au son d'une marche guerrière, auprès des représentants du Peuple, les mains chargées de couronnes qu'ils leur présentèrent. Il faudrait avoir vu cette belle scène, pour la bien sentir. Des hommes de toutes couleurs, jadis esclaves, pressés entre les bras des représentants du Peuple Français, arrosés de leurs larmes . . . . . Les bras de tous les spectateurs tendus vers le ciel, les cris de *vive la République*, *vive la Convention*, mille fois répétés. .... Ce jour-là, les Législateurs durent sentir combien la reconnaissance du Peuple est expressive.

Après un roulement, de tambour, chacun reprit sa place, et les Hommes de Couleur, toujours pressés autour des représentants du Peuple, restèrent dans cette attitude, pendant l'hymne à la Liberté, par laquelle fut terminée cette fête intéressante.

Au sortir du Temple, le concours avait augmenté au-dehors; les places et rues adjacentes étaient remplies de Républicains qui, à leur tour, témoignaient leur reconnaissance à la représentation populaire, ainsi que la part qu'ils prenaient à la fête qu'on venait de célébrer.